# 시계추도 가끔은 멈추고 싶다

이든기획詩選 019

# 시계추도 가끔은 멈추고 싶다

**박용숙** 시집

이든북

## 시인의 말

웃음도, 우울도
사랑도, 미움도
한세상

곡비哭婢가 우려낸
달빛 몇 종지
까닭까닭
내밀어 봅니다.


2024년 소설 무렵
박용숙

| 차 례 |

시인의 말 ·········· 5

## 1부

공동경비구역 ·········· 13
고려장 ·········· 14
밥의 힘 ·········· 16
멸치, 고래를 꿈꾸다 ·········· 18
풍문·1 ·········· 20
풍문·2 ·········· 21
별동네 권주가 ·········· 22
과속 단속카메라 ·········· 24
지각은 없고 출석은 있어 ·········· 25
이쑤시개 ·········· 26
계봉사鷄鳳寺에서 ·········· 28
낮별 ·········· 29
시실리時失里 ·········· 30
개미투자자 ·········· 31
시대의 비빔밥 ·········· 32

## 2부

| | | |
|---|---|---|
| 꽃샘추위 | ………… | 35 |
| 달걀을 까다가 | ………… | 36 |
| 안전불감증 | ………… | 37 |
| 비문증 | ………… | 38 |
| 악기 바보 | ………… | 40 |
| 불청객 | ………… | 41 |
| 딱! 오늘까지만 | ………… | 42 |
| 로스트 볼 | ………… | 44 |
| 몽당빗자루 | ………… | 45 |
| 단상斷想 | ………… | 46 |
| 거미 | ………… | 47 |
| 쪽파 | ………… | 48 |
| 압력밥솥 | ………… | 49 |
| 마이산 시래기 | ………… | 50 |
| 나를 세탁하다 | ………… | 51 |

## 3부

| | | |
|---|---|---|
| 숨비소리 | ············ | 55 |
| 아버지의 신념 | ············ | 56 |
| 쭉정이 | ············ | 58 |
| 동백꽃 | ············ | 59 |
| 배추와 독거노인 | ············ | 60 |
| 앵무새 | ············ | 62 |
| 무단 입주 | ············ | 63 |
| 청춘이여 연애하라 | ············ | 64 |
| 아버지의 묏등 | ············ | 65 |
| 심폐소생술 | ············ | 66 |
| 배추밭을 지나다가 | ············ | 68 |
| 마늘을 엮으며 | ············ | 69 |
| 단풍 | ············ | 70 |
| 비설거지 | ············ | 71 |
| 폭우 내리는 날 | ············ | 72 |

**4부**

| | | |
|---|---|---|
| 인사발령 | ………… | 75 |
| 파전 | ………… | 76 |
| 동지 무렵 | ………… | 77 |
| 재난 문자 | ………… | 78 |
| 어쩌라고요 · 1 | ………… | 79 |
| 어쩌라고요 · 2 | ………… | 80 |
| 어쩌라고요 · 3 | ………… | 81 |
| 시계추도 가끔은 멈추고 싶다 | ………… | 82 |
| 귀로 | ………… | 84 |
| 은과 도의 차이 | ………… | 85 |
| 물총 조개 | ………… | 86 |
| 도서 대출 | ………… | 87 |
| 공공하수처리장 맨홀 앞에서 | ………… | 88 |
| 명예퇴직 | ………… | 89 |
| 재고再考 | ………… | 90 |

**해설 | 박주용 시인**
울컥의 시, 위무의 시, 치유의 시   ………… 93

# 1부

## 공동경비구역

엘리베이터 가운데 둔
아파트 공동경비구역

남북의 문 열리고 예견치 않은
회담 성사될 때마다
열대야에도 찬바람 휑하다
애써 외면한 얼굴, 무표정한 근육
어색한 시선은 애꿎은 거울 겨냥한다
누가 이곳에
거울을 달아 놓을 생각했을까?
잠시 딴청 피우지만
매번 낯선 몇 년째 통성명 없는 앞집 여자의
장바구니와
피부와 옷차림새, 액세서리 슬쩍 훑어보며
유기농일까, 아닐까
순금일까, 아닐까
별별 생각 스친다

언제쯤 우리 무장 해제하고
봄꽃 따뜻이 피워낼 수 있을까?

# 고려장

입추 말복 지나
집마다 고양이 눈 닮아가고 있다

한때는 장단에 맞춰
밤낮없이 좌우, 위아래로
엉덩이 씰룩거리며 요염하게 춤도 추었다
안방에 들어앉아 사랑 독차지하며
명성 굳건하게 지켜냈다

언제부턴가 조강지처 자리
신음조차 없는 밤 고양이 발바닥처럼
앙큼한 무풍년에게 내어주고
뒷방 전전긍긍하는 신세로 전락했지만
다시 찾아줄 날 기다리며
간간이 불어오는 대숲 바람 차곡차곡 모아 두었다

오랜 기다림에 심장 멎고 목뼈 주저앉은 나를
쓰다듬어 주지는 못할망정
그깟 노잣돈 몇천 원이 아까워
CCTV 깜빡 조는 분리수거장 뒤편에

슬그머니 내다 버렸다
달빛마저 애써 외면하는 밤이었다

## 밥의 힘

눈물 한 바가지 엎었습니다

산산조각 난 마음
캄캄한 방 귀퉁이에서
아무리 꿰매려 해도 손끝만 찌를 뿐입니다
간밤 스산한 바람에 덩달아 덜컹거리던
얼굴 사라졌습니다
아무리 거울 들여다보아도 보이지 않습니다
베란다에서 시계추처럼 서성이던
까마귀 짓 분명했습니다
실오라기 등잔불이라도 켜 놨다면
눈물 바가지 집어 갔을까
분명, 씁쓸한 맛이었을 거야
구겨 신은 운동화 걸음 멈춘 자리
차마 이러지도 저러지도 못하는 난간에게
나비 다가와 입맞춤합니다
순간, 백열등처럼 희미하게 다가오는 친구 문자
내게 달음박질로 안깁니다
괜찮은 거지, 밥 한번 먹자

〉
눈물 한 바가지 다시 엎었습니다

## 멸치, 고래를 꿈꾸다


고래가 될 수 있을까?

메타버스에는 널려있다지
먹고 싶은 거, 입고 싶은 거
오늘도 홈쇼핑 최저가 핸드폰 결제

그래도, 태평양 가슴에 품으니
이까짓 편의점 아르바이트 서너 개쯤이야
하루 세끼 삼각김밥도 견딜 수 있어
바다 한가운데 은빛으로 빛나는 내 모습
날치 꽁치 앞에서도 주눅 들지 않아
노는 물도 당연 다르지
옥션의 경매 정보나 쿠팡의 쿠폰도 팡팡 쌓이고
광고판도 뼈대 있는 내 이름 석 자로 빛나고 있지
이제는 겪을 일 없는 풍파
신의 가호란 말은 나를 위해 존재하는 것

- 이놈 똥 뺄 것도 없겠네

달랑 소주 한 병으로 나를 깨운 거야?

하루 벌어 하루 사는 저 아줌마는 모를 거야
내가 어떤 세상 꿈꾸는지
고래고래 소리 지르는 술고래 말고
푸른 물결 헤쳐나가는 대왕고래
가슴에 산다는 걸

정말, 고래가 될 수 있을까?

# 풍문 · 1


 빛 좋은 어느 날 열어젖힌 항아리 한 줄기 바람마저 임자 술맛이 제일이라며 귓엣말로 속삭이던 그날 밤이었을 거야 대청마루 거닐던 대감마님 헛기침만 해대던, 장작 패던 노총각 꺽쇠 쿵쿵거리며 기웃대던 그날 밤 이후

 이녁의 성주단지 비워지는 날 없고, 한겨울 구들장 식을 걱정 없는지 달항아리처럼 살 올랐다며 동네 아낙네들 해 지는 줄 모르고 입방아질해대는 것인데

 취한 달빛이 게슴츠레 뒤뜰로 불러내니 장독대 맨드라미 수줍게 얼굴 붉히고, 이녁 젖가슴같이 허옇고 통통했던 감꽃 소리죽여 고개 떨구던 그날 밤, 성질 급한 밤꽃 내음에 자리 내어주는 오월 부둥켜안은 거라고

 산달 맞은 직박구리 시끄럽다

# 풍문 · 2

그해는 바람이 바람을 불게 하였다

펜타곤 숭배하는 소도시, 그해 유월은 시절보다 이르게 찾아온 더위 탓인지 소문이 무성하게 자라났다 푸른 붓과 붉은 칼의 대결이 칼의 승리로 끝나자 신세대가 낳은 북두쟁이는 살생부를 소설처럼 읽어 내렸다 시민들은 4년 만에 흥행하는 이야기에 점점 귀가 자라났고, 음유시인들은 당나귀 귀라며 큰소리쳐 보지만 속내는 여름밤 뻐꾸기처럼 잠 못 들었다

전설 횡행하는 여우골, 그해 팔월은 일찍 찾아온 가을바람 탓인지 소문은 금세 풀이 죽었다 먹잇감 기대했던 까마귀는 허공만 배회했고, 실개천의 흰 두루미는 속 빈 우렁 바라보며 목 길게 빼었다 처음부터 사람들은 이마의 땀 식혀줄 선풍기는 바라지도 않았다 언감생심, 부채 하나씩은 어찌어찌 탕감해주지 않을까 하는 막연한 기대감에 잠자리 뒤척였다

사람이 사람을 간택하던 그해는 가슴에 구멍 숭숭 난 불면증 환자만 양산했다

# 별동네 권주가

바람도 햇살도
군화 발자국 따라 자취 감춘
대낮에도 별이 뜬다는 군사도시 단골집
평소 광光내던 접시 파리 날리고 있다

- 벌써 며칠째여?

주인장, 죄 없는 행주만
실없이 주리 틀고 있을 즈음
목 길게 빼고 기다리던 훈련 종료 소식에
별빛 따라 허겁지겁 쏟아져 들어오는 푸른 허기들

덩달아 신이 난 접시 일사불란하게
미나리는 조물조물, 고등어는 지글지글
이팔청춘 푸르게 담아내고
살맛 찾은 냄비도, 혀 꼬부라진 술잔도
연신 허옇게 밑천 드러내고는

- 위하여! 위하여! 위하여!

소리 높아질수록 의기양양해진 샛별들
술잔 속에서 더욱 반짝이고
낡은 벽시계도 장단 맞춰 덩달아 말달리는 밤

찬장 안 황색띠 두른 대항군도
들기름보다 더 느끼하게 코웃음 짓는 것인데
자정의 달무리도 허리띠 풀어놓고
걍걍술래 걍걍술래
권주가 부르는 것인데

## 과속 단속카메라

쉬고 싶다는 말, 자고 싶다는 말
입밖에 내뱉을 수조차 없다
그래도 가끔은 저 오토바이족처럼
검정 선글라스 가죽 재킷 한껏 멋 부리고
긴 머리 동여맨 아가씨 가슴 닿도록 바싹 당겨
세상 끝까지 폼나게 달려보고 싶지만
24시간 365일
눈 부릅뜨고 감시해야 하는 이내 팔자
단 하나의 먹잇감도 놓칠세라
눈동자도 깜빡일 수 없다
두 눈이 멀 것 같은 태양과 온몸으로 맞서며
거센 비바람과 눈보라 당차게 견뎌내며
거둬들인 과태료 앞에
쌓여만 가는 원망의 소리 듣기 싫어
튼실한 철 사각모 눌러 쓰고
지나가는 새들에게 하소연해 본다

인정사정없다고요?
내 탓이 아니란 말입니다

# 지각은 없고 출석은 있어

팔순도 넘어 보이는 어르신
세월 등에 지고, 학교 아닌
햇살 퍼진 도서관으로 매일 등교하신다
식어버린 도시락으로
점심, 저녁 두 끼 드시고
한 평도 안 되는 칸막이에 들어앉아 계신다
아직도 배워야 할 세상 공부 그리 많으신지
마지막 수업 열 시 종을 쳐도
애써 시계 외면하신다

입동 지난 십일월,
달도 추워 두꺼운 구름 외투 두른
집으로 가는 길
덩그러니 불 꺼진 방은 아직 저만치인데
가방 든 양손에 얄궂은 찬바람이 먼저 와 안긴다
복잡한 세상, 무거워진 머리
자꾸 땅 쪽으로 향해가지만
늦은 걸음이면 어떠리
내년 봄에도, 내후년 봄에도

# 이쑤시개

불청객 자리 잡는다면 용납할 수 없지
조금이라도 거슬리면 그냥 지나칠 수 없지
나는야, 정의의 기사 돈키호테

명성 얻을 수만 있다면 뼈 깎는 고통쯤이야
오늘도 치열한 싸움이다
세상의 부패한 찌꺼기들
당장이라도 몰아내야 직성 풀리지

하루에도 몇 번씩 칼끝 벼려 온 게야
촘촘한 방어선 뚫기란 쉽지 않겠지만
가느다란 바람에도 세상은
풍치風齒처럼 흔들리는 법

틈새 노리는 거야
나는야 은밀하게 기발하게
찌르고 찌르는 집요한 편력 기사
냄새 풍기며 돌고 도는 저 풍차 무너뜨리기 위해
오늘도 나는 길 나서지

〉
으랏차차 차차차
산초! 내가 뭐랬나
비록 칼끝은 무뎌지고 만신창이 되겠지만
세상만큼은 참 개운해질 거라고 말하지 않았나
나는야, 정의의 사도 돈키호테

## 계봉사鷄鳳寺에서

칠갑산 자락 정산 읍내 로또 가게
꿈 한아름 산 사람들이
닭도 수양하면 봉황 된다는
계봉사 들러 합장하고 있다

복권 한 장 불전함에 넣고는
뻥튀기해 달라 주판 튕기고
어떤 가방 살까, 입맛 먼저 다시기도 하고
보시했으니 살펴 주시겠지 장담도 하고
주는 대로 받겠다고 마음에 없는 말 한다

댓돌 위 철 지난 털신도 궁금해서 기웃거리더니
한 장 받아 들고서 회심의 미소 짓는다
토요일, 저녁 8시 45분
행복 드림 로또 생방송에서
과연, 누가 봉황이 되고 누가 닭으로 남을 것인가

광경 지켜보던 천년 묵은 풍경소리
오층석탑 한 바퀴 돌고는
부질없다며 휑하니 지나간다

# 낮별

황산벌 오만 대군보다 인구 적은
계룡산 자락에는
낮에도 별이 뜬다는데

초신성 되기 위해
젖 먹던 힘까지 쥐어 짜내기도 하고
목욕탕에 들러 물광 내기도 한다는데

서산 너머로 지고 있는
몇몇 백색왜성은 빛을 다 한 후에도
똥별의 꼬리 잘라내지 못하고
대령하고 있지 않은 방자만
헛기침으로 부르고 있다는데

그래도,
계룡산 발치의 펜타곤에는
계백장군의 오천 결사대보다 결의에 찬 청춘들로
밤이 낮보다 환한 것인데

## 시실리 時失里

세월 멈춘 청산에
백 년 훌쩍 넘긴 초등학교
두 명의 입학생 반기는 현수막 걸렸어요

환갑 넘긴 삼순이가 운영할 듯한 찻집에
스쿠터 배달 언니는 없지만
아메리카노와 쌍화차 있어요

학교는 있지만 학원은 없는 곳
다방은 있지만 카페는 없는 그곳에
세상의 변화에도 실개천 꿋꿋이 흘러요

쫀디기가 추억의 옛 맛 안 난다면
보청천 봇도랑이 산란한 생선 국시 맛보아요
속리산 주지 스님도 깜빡 죽어요

어릴 적
천렵하는 동네 사람 틈 사이로
홀로 국수 삶으시던 엄니 만나고 와요

# 개미투자자

파란불에 심장 얼고
빨간불에 흥분해요
목까지 숨도 차올라요
누가 주포 쏘아 올렸는지
절정에 다다를 것 같아요
하지만 금세 굴러떨어져요
시시포스 데리고 사는 게죠
더듬이로 손익 계산하는 나는
큐피드의 붉은 화살 꿈꾸지만
언제나 예상은 빗나가요
잘록한 허리가 또 반 토막 났네요
가슴이 시퍼렇게 멍들어요
내일도 페로몬 따라
쿵쿵거리겠죠?

# 시대의 비빔밥

때로는 놋쇠 대접보다 사기그릇이 중할 때가 있다
때로는 고기보다 채소가 구미 당길 때가 있다
때로는 고추장보다 간장이 요긴할 때가 있다

대령숙수가 소주병보다 많은 동네
제 잘난 맛에 사는 꼬막, 성게, 날치알, 멍게들
물과 기름인 듯 섞이지 못한다

시청과 군부대,
이제는 시대를 아울러 보자
서로 보듬고 어우러져
따로국밥 아닌
맛깔스러운 비빔밥 만들어 보자

하느님 닮은 민초들이 수저 들고 계신다

# 2부

# 꽃샘추위

광개토대왕이 말 달리던 이전부터
동토는 본디 내 영토였다
수다쟁이 봄꽃 처녀의 살 뜨거운 콧소리
귀 후끈 달아오르게 할 때도
의기양양 칼바람으로 옷깃 세우던 나였다
조바심 난 벌과 나비들
잠자는 초경 깨워 붉은 입술 터트릴 때도
나의 건재함 추호도 의심하지 않았다
나이테 한 줄 더 그려주며
우주 섭리란 말로 그럴싸하게 포장하여
계절 뒤켠으로 밀어내려 할 때나
대문 가로질러 써 붙인 입춘대길이란 글자에
점점 의식 희미해져 갈 때도
그저 잔기침만 콜록거렸다
세상의 바람난 꽃들이여!
하룻밤의 찬 인연일지라도 섭섭하다 생각지 마라
시샘이나 부리는 투정쟁이라 헐뜯지도 마라
그대 응원할 연합대군 동남풍으로 몰려온다 해도
비겁하게 꼬리 내릴 내가 아니다
세상 모두 내 편이 아니라 해도
아직은 알뿌리 튼실한 붉은 동장군이다

# 달걀을 까다가

껍질 까다가 속살 툭 떨어져 나갔다
손에 쥐기도 뜨거운 것을
소지 올리듯 요리조리 후후 불며 재촉하더니
참을성 없이 지내 온 내 삶처럼 부서져 내렸다
달빛 한 줌 넣어 다시 살살 발라보지만
손에서 떠났다면 이미 내 것은 아닌 것
뜯기고 깨져 울퉁불퉁해진 자태에
짜디짠 소금 세례
한때는 쓰리고 아픈 벌인 줄 알았는데
세상사, 너무 순탄해도 재미없는 것
오늘은 우묵한 곰보조차 환한 정월대보름
달무리 한 입 부럼처럼 베어 무니
아, 숨어 있는 황금 덩어리
아픔 뒤에 찾은 보석이다

# 안전불감증



책도 눈꺼풀 무거워져
낮잠 청하는 나른한 오후
도서관 화재경보기 요란하게 울어댄다
오작동 감지기 갈아 끼우는데
요놈, 심심해 울었을 리 만무한데
졸고 있는 열람실 잠 깨우고 싶었을까?
책상머리 손가락만 까딱이는 내가 얄미워
훈련이라도 시킨 걸까?
기특하게도 이승과 저승 사이
출입문 저절로 열리는데
단 한 명도 꿈쩍 않는다

어느새 중년의 몸이 보내오는 신호
무시한 채 낮과 밤으로 끌고 다닌 불감증
뒤따라오며 궁시렁댄다
피차일반, 피차일반

그래, 이유 없이 울고 싶을 때 있지
그냥, 안부 전하고 싶을 때 있지

## 비문증

어느 날 눈앞에 나타난 녀석
뜨거운 심장도 차가운 이성도 없는지
담담한 무채색
대낮에도 겁도 없이 날 따라다닌다
어떤 때는 구름 되고
어떤 때는 하루살이 되기도 하지만
그냥, 별이라 부르기로 했다
별을 따겠다는 사람, 달겠다는 사람
잡고 싶어 손 내밀어 보지만 매번 헛손질뿐

무궁화꽃이 술병보다 지천인 소도시에는
아치스성단에 입성하기 위해
시월 되면 종일 구두약 냄새 풍기며
반질반질 윤을 내기도 하지만
정작, 시민들은
선글라스 때문인지 구경조차 할 수 없다
간혹 낙하하며 심장 짓누르던 별똥별을
찬 이슬이 새벽녘까지
처진 어깨 토닥이는 모습만 보일 뿐

〉
까짓, 별 보려 애쓰지 말자
눈 뜨고 있을 날 창창하다
마법의 눈 그냥 한 번 깜빡이면
낮에도 별이 동동 떠 있지 않느냐

# 악기 바보

콩밭 매는 칠갑산 산밭치
공부에 한 맺힌 아낙의 여식으로 태어나
열일곱의 분홍빛 설렘
도회지의 차가운 자취방에 책가방 풀었다
음악 실기평가 시간
악기 하나씩 연주하라는 선생님 말씀
친구들은 처음 보는 악기 가져왔고
허리 잘록한 몸통의 줄 튕겼다
만만하다는 피아노 근처에도 배회한 적 없어
고민 끝에 내가 들고 간 것은
정월대보름 명절이면 동네 어르신들
한 풀어내던 신명 나는 장고
장단은 몰라도 쿵더쿵 덩더쿵 소리에
아이들은 키득거리는 것인데
선생님 악기 맞잖아요
우리 것은 악기가 아닌가요
개교 이래 처음이라니
당당했던 것일까
당당한 척한 것일까

# 불청객

이 나이에
손님이 불쑥 찾아왔는데
내 마음 들키고야 말았다
반갑지도 않은 손님에 홍조 띠는 것은
너에 대한 화의 표현
가슴속 쓰린 찬 기운은
너에 대한 원망의 찬 서리

낼모레면 내 나이도 지천명
그때 되면 너를 숙명으로 맞이할 테니
오십 줄에 입문하는
아줌마의 마지막 기념선물로 족하니
자주 찾아오진 마시게
아직은, 불혹의 끝자락
철없는 아줌마라 대접할 줄 모르니

## 딱! 오늘까지만

머뭇거리지 마십시오
현재를 바꾸어 드립니다

조금 전 비 싫어하는 손님 들렸길래
구름 시절로 되돌려 보냈습니다
어젯밤 비에 꽃망울 터진 장미는
짧은 순간만이라도 가장 화려한 시간이었답니다
그렇다고, 과거로만 연연할 필요 없습니다
원한다면 미래로도 가능합니다
하지만 미래는 영혼과 육신이
할인된다는 것 기억하십시오
단, 수수료는 없습니다

현재가 퍽퍽하게 느껴지십니까
딱, 오늘까지만
원하는 시절로 바꾸어 드립니다
과거든 미래든 당신의 선택만 남았습니다

파우스트여!
현재가 만족스럽지 않다면

당신은 과거인가요, 미래인가요?
나는 메피스토펠레스입니다

# 로스트 볼

누가 나를 감히
버려진 인생이라 말할 수 있을까

나도 한때 번지르르 광나던 시절
우리의 내일 기대하며
기나긴 밤 함께 꼬박 새기도 했었다
채찍도 사랑이라 믿었던 나는
그대 사랑에 보답이라도 하듯
당신이 원하는 대로 비상하고 싶었다
그날, 여우 같은 바람을 외면했다면
당신 사랑 끝까지 지킬 수 있었건만
바람 난 나를 짜장면 값에 비교하고
발길 돌리는 당신 보낼 수밖에 없었다

버려진 생의 결말은 언제나 눈물인가
헐값에 새로운 인연 맺었건만
골방에서 은둔하는 신세 면치 못해도
아직 이마에 호적 지워지지 않은
뼈대 있는 가문이기에 언젠가는 세상 향해
훨훨 날아볼 거라고 희망의 끈 놓지 않고 있다

# 몽당빗자루

시 한 소절
영감 얻겠다고 다녀온 서산 도비산 중턱 동절
산새도 고공비행 꿈꾸고 있어요

선방 밖 모퉁이 웅크리고 있는 나는
마녀처럼 하늘 나는 꿈을 꾸어요
중년이 된 어느 소년의 파란색 지붕 지나
간월호 보이는 드넓은 평야에 이르러
보자기 풀듯 목마른 시심 풀어보지만
매듭만 엉킬 뿐, 돌아간 동절에는
혼자 낳을 수 없는 풍경소리만
마른 나뭇가지에 묻어 있어요
쓸고 또 쓸어 닳고 닳은 인고의 세월
스님 눈썹에 서리꽃으로 피었네요
머지않은 어느 봄날
내게도 꽃 피겠지요

언제쯤 꽃망울 터트릴 수 있을까요?

## 단상斷想


재래식 변소에 쭈그리고 앉아
문득, 휴지가 없다면 가정해 보는데
팔자에 순응해 왔을
두루마리 떠올리는 것인데

아가씨의 눈물도
아가에게 먹일 젖물도 아닌
세상 모든 구린 것들이 모인 곳에서
찢기고 구겨지고 여러 번 접혀가며
제 몸 더럽히는 고통 인내하며
깨끗한 세상 꿈꾸어 왔을 터인데

순간,
지난 내 삶 닮은 아랫배 꺼지며
묵직한 생각 하나
둥둥 떠오르는 것인데

# 거미

갑옷 입고 호령하고 싶었다

태어날 때부터
물렁물렁한 얇은 골격으로는
험한 세상 살아가기 힘들다는 것 잘 알기에
두 다리 잘려 나가도 멈출 수 없었다
단단한 외골격 가질 수 없다면
다부진 근육질 몸매로 살아남아야지

자일에 매달린 생,
오늘도 단전에 힘 단단히 주고
클라이밍 중이다

## 쪽파

비록 몸집 좋은 대파 집안 아니지만
심지만큼은 서로 부둥켜안고
눈물겹도록 사랑하고 있다네

비록 뿌리까지 유용한 대파 집안 아니지만
연하고 부드러운 몸뚱이
알싸하고 향긋한 향 품고 있다네

비록 주방의 존재감 대파 핏줄 아니지만
삼국시대의 수라간에서도 잊지 않고
수라상에 올려 주었다네

비록 세상에 씨 남기는 대파 핏줄 아니지만
둥글둥글한 뿌리 나눠주며
작은집 족보 이어가고 있다네

궂은날 그리움에 목마른 이들 있어
철판 위 쪽팔림 없이
고소한 인연 이어가고 있다네

# 압력밥솥


우라질 팔자
솥뚜껑 운전수 노릇도
속이 타 못 해 먹겠네

저 식솔들이
진밥, 된밥, 탄밥 탓할 때마다
가만히 숨죽여 있다가도
내게도 감정은 있어
발밑에서 시작된 미열이 심장까지 닿아
부글부글 북받쳐 오르는 것인데
어디 그게 내 잘못이더냐
입 꽉 다물고 둥글둥글 살려 해도
서운한 마음 감출 수 없네

숨 크게 들여 마시고
뜸 들이듯 한두 해 참고 견디다 보면
내게도 하얀 이팝꽃
고봉으로 피는 날 있겠지

## 마이산 시래기

영화 신과 함께에서 지옥을,
마이산에서 극락을 본다

분명, 이승과 저승 중간쯤 있을 법한
청실배나무에 둥지 틀었던 까치
소유의 부질없음 깨닫고
중생으로 환생했는지 보이지 않는다
처사의 돌탑 맴도는
바래고 찢겨 생채기 난 하루
소탈한 공양 위한 시래기
풍화혈로 중이염 앓고 있는
마이산에 엮어 달으니
겨울 햇살 한 줌 다가와 보듬는다

이승 욕심 매한가지
나도 저들과 함께 엮어 걸어놓으면
실하게 말려지려나

# 나를 세탁하다


세탁하기 전에는
지갑과 통장과 금고 속에 웅크리고 있었어
무슨 냄새 나는지 사람들은 내 주위에서 킁킁거렸지
가끔은 뉴스에서 나를 어찌한다는 말도 들렸어
케케묵은 때 벗길 절호의 기회라 생각했어
거부할 수 없는 페로몬 향
이제는 나도 누군가에게 말간 얼굴로
떳떳하게 다가설 수 있을 거라 생각했어
건망증 심해져 가는 생선 장수 아줌마도
비린내 짙은 내게 오히려 감사하다고 했어
고된 하루 허리 펴듯
꼬깃꼬깃한 나를 허리춤에서 꺼내
뽀드득 소리가 나도록 씻어
얼굴에 비비고 말려 다림질하는데
편백나무 숲에 가면 이렇게 개운할까
순간, 잠자는 새들 깨워 수다 떨고 싶어졌어
돌고 돌아 여기까지 온 내 무용담
쥐들도 궁금하여 귀 쫑긋 세우고 듣겠지
이제 나는 더 이상 구리지 않아
세탁한 후에는

# 3부

## 숨비소리


누구도 가르쳐 준 적 없는 신들린 몸짓
뭍에 나가 살고 싶다던 바람은
파도 소리에 호오이 던져 버리고
해류 따라 떠밀려온 사내 닮은 스티로폼
둥글납작하게 깎고 다듬어
한 송이 꽃이 되었다
바농질로 이불 천 싸매느라
불턱의 모닥불 밤새 꺼질 줄 몰라도
물질은 더 깊이 더 길게
소라 멍게 전복 해삼 따면서도
사내의 자연산 감정 따고 싶었다
씨알 굵은 별똥별 가득 담긴 테왁에 몸 기대면
든든한 사랑꽃 하나 피어나는 것이어서
감귤보다 탐스러운 젖가슴
갈치보다 빛나는 몸뚱이
파도에 맡겨 춤도 추고 싶었다

제주 앞바다, 사내의 부표 사라지던 날
호오이 호오이, 꽃보다 처연하게
갈매기도 숨죽여 울었다

# 아버지의 신념

이빨 빠진 도장 한 번에
논배미는 영문도 모른 채 다른 주인 섬겼다

오라비 학자금 마련에
새벽 댓바람 고무신 종종걸음
대문 높은 집에 염치없는 손 내밀지 않았을 터
그 땅만 있었어도, 그 땅만 있었어도
귀 에는 바람 어머니 속 울어댔다

애써 외면했지만
아버지의 시선, 닷 마지기 논에 머물고
경칩 무렵 잠에서 깬 눈치 없는 개구리
아버지 속 시끄럽게 긁어댔다

읍내 농협에서 날아온 빚보증 독촉장에
아버지와 대작하던 고추장 바른 멸치가
더 붉게 울상짓던 날

- 사람이 먼저지 그까짓 땅이 대수냐

〉
아버지 가슴도, 비워진 술잔도
지난해 가뭄처럼 쩍쩍 갈라진 논바닥 되어 갔다
타는 듯한 아버지의 발자국도
한낮의 장대비 틈타
슬그머니 자취 감추어 버렸다

## 쭉정이

 침침한 눈 비비며 양은 쟁반에 콩 한 바가지 또르르 붓는다 어디 보자 지난여름 가뭄에 제대로 영글지 못해 속상하다며 손바닥으로 휘이 어루만진다

 어머니의 투박한 손길이 잘난 놈과 못난 놈 가르자 잘난 놈들 끼리끼리 으스대며, 삐죽삐죽 웃어대며, 무쇠솥에서 지들만의 둥근 세상 꿈꾸는 것인데

 나는 찌그러진 바가지에 담긴 채 어머니의 치마폭 언저리 서성이다 스스로를 걸어 잠그고 개천에서도 용 난다며 큰소리쳐 보는 것인데, 그래그래 아가야! 내 니 맘 다 안다며 눈물 다독여주는 것인데

 다섯 손가락 평생 안고 사셨구나 어머니는 내가 다시 싹 틔울 날 푸르게 믿고 계셨구나

# 동백꽃

붉고 탱탱한 꽃술
간밤, 누굴 만나고 온 걸까
입술 자국 붉게 묻은 저 꽃
머리 희끗희끗한 할망구 성화에
꽉 다문 입술 시퍼렇게 질렸구나
탐스럽고 싱그럽던 꽃봉오리
지난밤, 어떤 소리 들은 걸까
첫사랑 얘기에 얼굴 붉히던 저 꽃
심술 난 동장군의 칼바람에
꼭 닫은 귓불 발갛게 열병 났구나
안달 난 마음에 서둘러 찾아온 매듭달
한밤 내내, 심장까지 얼어붙은 저 꽃
붉은 입술 속 노란 달빛 어딜 가고
하얀 눈물만 날리는가

## 배추와 독거노인

물 주며 거름 주며 온갖 정성 들이더니
밑동 싹둑 잘라 덜덜거리는 트럭에 던져졌다
속 실하게 찼다며 칭찬할 때는 언제고
너무 꽉 차도 맛없다며 네 조각 칼질
노란 심장과 새파란 육체 생이별이었다
머리에 키도 쓰지 않았는데 이번에는 소금 세례
눈 따가운 밤 지새우며 날 밝길 기다렸다
팔자에 순응한 친구들은 제대로 절여져
꽃단장으로 변신, 도회지로 화려하게 진출했건만
자존심 끝까지 세우며 버티었던 나는
인생 줄기 뻣뻣하여 세상 순탄치 않았다

손맛 없다는 한마디 핀잔에 줄행랑 놓아
곁 떠나온 지도 어언 삼십 년
양념보다 시뻘건 립스틱 바른 막내딸
언제나 와서 손 한번 잡고 쓱쓱 문질러주려나
학수고대하고 계실 어머니
연말연시 동무 더불어 따순 밥 한 끼 나누고
저세상 갔으면 하시는 노인 보면
딸내미 집에 한 사나흘만 머물며

손주와 둥글게 정담 나눠보고 싶다던
엄니 생각나는 것인데
허리 반 접힌 팔순 넘긴 노인네가
올겨울에도 홀로 독 지키고 계시겠다

# 앵무새

귀동냥한 시 낭송 흉내 내다

낯 두껍게 여기저기

어설픈 목소리 풀어 놓고 다녔다

그런 날 밤 꿈엔 어김없이

따라쟁이라 놀림 받던

유년의 내가 저만치

입술 뜯으며 바라보고 있었다

여전히 갈 곳 잃은 자존감

눈물에 절여져 납작 엎드려 있었다

# 무단 입주

왜 하필
우리 집에 둥지 틀었을까
아기 품은 배만큼
크고 둥근 보름달 밤
달빛에 번쩍이는 실외기에
월세 계약도 없이
이삿짐 풀었다

새벽부터 시끄러워
밤새 지은 집 허공에 뿌렸다

미안

## 청춘이여 연애하라


못 보던 딸의 핸드백에 관해 묻자
돌아온 대답
이래 봬도 환경친화적 소재라며
열심히 산 자기에게 주는 선물이란다
인터넷에서 싸구려 하나 장만하고
마치 지구를 살린 것처럼 의기양양하는 모습에
서른이 다 되도록 쓸만한 핸드백 하나
못 사준 게 미안해 슬그머니 자리 피하다
눈에 들어온 낡은 핸드백
십여 년 전 승진기념 어머니의 선물이었다
가벼운 머리 대신해 줄 요량으로
꾸역꾸역 내 젊은 날 호기들 가득 채웠었는데
이제는 종합병원 앞자리 잡은 약국처럼
온갖 약들이 지배하고 세월만 탓하고 있다

그녀의 핸드백에는
문자 빼곡한 지원신청서 대신
싱그러운 청춘에 어울리는
사랑하는 이의 이름 석 자만 담기를

# 아버지의 묏등

분명, 초록 신발 신겨 보내드렸는데
세월 따라 누렇게 닳고 달았구나

여름 소낙비에
아들, 딸 운동화 비에 젖을세라
툇마루에 올려 주셨는데
당신 신발 하염없이 비 맞고 있어도
들여놔 줄 자식 하나 없구나

눈물로 촘촘히 엮었던 신발 간데없고
구멍 숭숭 난 뗏장 엄동설한 어찌 견디실까

진흙 더덕더덕 묻었던 고무신
깨끗이 닦아드린 듯
새하얗게 빛나는 눈꽃 신발 좋다며
아무 걱정 마라, 걱정 마라 손사래 치시는구나

다시 찾은 늦봄
개망초 한 무리 지어 외롭지 않다며
꽃신 자랑하고파 기다리고 계시는구나

# 심폐소생술

이럴 거면 결혼은 왜 했냐는 아이들 성화에
그냥,
그냥이 어딨냐는 연이은 닦달에
밥은 먹고 살 것 같아서

돌이켜보니
사모님 소리는 듣게 해주겠다는 언약과
내 속에 기생하는 엉큼하고도 시꺼먼 욕심이
슬그머니 손 맞잡은 것인데

때로는 순진한 척, 때로는 도도한 척
포장하고 살아온 지난 세월
한참 지난 영화처럼 그때의 그 언약 시들해졌지만
그래도 사모님 소리는 한번 들어 보고 싶은 것인데
여전히 마를 줄 모르는 앞치마와 고무장갑과
한때는 따스한 온기 품었었지
곰팡이꽃 피워대는 귀퉁이 찬밥 덩어리와
개와 원숭이처럼
서럽게 지지고 볶고 싶지는 않았었지

〉
진짜 이럴 거면 왜 사냐는 물음에
오랜 침묵 끝, 힘없이 툭 내뱉는 말
그러게 말이다

삼십여 년 숨죽여 있던 심장이
갑자기 고개 들어
다시 팔딱이기 시작했다

## 배추밭을 지나다가

헝클어진 머리 참빗으로 곱게 빗어

핀이라도 꽂아 주고 싶다

# 마늘을 엮으며

팔순 노모 등 굽게 만든 저놈들 좀 보게
장맛비에 썩어 뭉그러질 몸뚱이 될까
찬밥 물 말아 쪼그라진 배 채우고
새벽부터 호미질로 세상 구경시켜 주었더니
힘없는 늙은이에게 제 살점 내밀며
엄살 부리는 모양새라니

시골 늙은이라고 바짝 깔보는 게야
구름 흐르는 모양, 무릎 쑤시는 정도만 봐도
하늘의 이치 통달한 우리 노인네를 뭘로 보고

이놈들 어디 매달까나
목줄 칭칭 감아 처마 밑에서
옴짝달싹 못 하게 만들 테니
낙엽처럼 우수수 쏟아져
도망갈 생각은 붙들어 매는 게 좋을 거구먼

그래도 울 엄니는
오라비 학자금 보탠 기특한 녀석들이라며
아직도 양지바른 처마 밑 서성이고 계시는구나

# 단풍

소주
맥주
양주
막걸리까지

산은,
매일 아침
사람들이 뱉어낸 술을
싫은 내색 하나 없이 기꺼이 들이킨다

이젠
취할 때도 되었지

# 비설거지

기상캐스터는 오늘도 노란 비옷 입고 방송했어
벌써 일주일째야
바구니에 쌓인 빨래에서 쉰내가 나
군대 간 아들이 신세계라며
빨래 건조기 사라고 월급 모아 보내왔어
그래, 에어컨 대신 건조기 샀어야 했나 봐
어릴 적엔 마당에 줄 매달아 빨래 널었지
끄무레한 하늘 바라보던 엄마는
내게 집안의 비설거지 맡기고
발을 재게 놀려 들로 나가셨어
순간 양철지붕 세게 두드리며 불청객 지나갔지
늙은 장대는 감당하기 힘들었나 봐
빨래들이 차가운 바닥에 부상자처럼 누워있었어
이놈 저놈 일으켜 세우다 뛰어간 장독대에는
이미 숨 차오른 항아리들이 기진맥진하고 있었어
설거지하기엔 너무 어린 나이였던 게야
매미가 울음 모두 삼키었는지
소나기 지난 후에는 여름날이 더욱 무더웠어
이제는 홀로 계신 팔순의 엄마보다
걸음걸이 늦은 비가 와야 할 텐데

## 폭우 내리는 날

하느님께
고운 체 보내드려야지

심술 굵은 저 장대비
는개비로 곱게 내려달라고

탯줄 매단 애호박
툭,
세상에 버려지는 일 없도록

＃ 4부

# 인사발령

철밥통 사는 별에서는
일 년에 두어 번 열병 앓는다
아무리 해열제 먹여도 차도 없는 것인데
처방전은 딱 하나
여기저기 머리 굴릴 때마다
불어나는 소문의 고름 하루빨리 터트려야 한다
소리꾼들은 쥐새끼 풀어
인사담당자 컴퓨터 갉아 먹어서라도
짜릿한 별빛 정보 입수하고 싶어 안달 나고
아무 상관 없는 척하는 나도
덩달아 바람에 나부끼고
승진자 명단에 이름이 있어도, 없어도
심란한 마음만 괜히
술잔 속으로 자맥질하는 것인데

아버지가 남겨주신 십여 평의 텃밭에
콩이라도 심으며 살고 싶은 날

# 파전

하얀 가슴 푸른 멍
갈래갈래 찢어지는
아픔일지라도
세상사
탁배기와 어울리다 보면
달큰한 날 오지 않겠나?

비가 와서
그냥,
안부 한 접시 전하네

# 동지 무렵

이번에도 한 자리
회전의자 주인은 단 한 사람

적임자요, 일등 공신이요 큰소리쳐도
가로등 조는 밤 은밀히 명함 꺼내 보는 것인데

갓 신 내린 애기동자 신점이라도 봐야 하나
콧김 세다는 인사 찾아 인사라도 해야 하나

덩달아 목덜미 뻣뻣해진 의자
제 몸값 부풀려 놓고 슬쩍 오리발 내미는 것인데

인사 앞둔 십이월의 술 항아리
밤도 길어 달큰하게 입맛 다시는 것인데

서열 흐릿한 나도
임자가 따로 있나 앉으면 주인인데
가는 목소리로
노랫말 시부렁거려 보는 것인데

# 재난 문자

새벽녘 화장실 다녀오니 오줌도 질금질금이라 요강은 못 깨고 잠만 깨어 시시콜콜한 영화 한 편 보다 그래도 명색이 시인인지라 시 한 편 끄적거려보는 것인데, 시력이 미약하고 웅숭깊지 못하여 괜히 헛기침해대는 것인데,

18금 영화 탓인지 오늘 밤에는 뽕으로 시를 써 보겠다고 시상에 잠겨봐도 공주 G여고와 G고등학교 사이 상전桒田에 도둑고양이처럼 드나들던 봉자년만 눈에 선한 것인데, 왜 하필 뽕이라 명명했을까 생각하는 찰나,

그 새를 참지 못하고 문풍지가 신음 소리 내며 경북 경주시에서 발생한 지진 재난 문자 보내오는 것인데, 봉자년이 화들짝 놀라 잽싸게 꽁무니 감추고 재난 문자도 조마조마 뒷북만 치고 있는 것인데

봉자년 입술 훔치려 했던 남학생 생각에 내 시상도 뽕 맞은 듯 흐리멍덩해지는 것인데, 이래서야 어디 붉디붉은 오디 하나 달아낼 수 있을까? 내 분화구는 아직 열리지도 않았는데, 이런저런 생각에 오늘 시 쓰기는 이미 글렀구나 싶어 여진이나 끌어안고 잠 청해 보는 것인데

# 어쩌라고요 · 1

지난밤 공원에
뱀 한 마리 똬리 틀고 있다고
국민신문고에 올라왔다는데

그게 신고할 일이냐며
사무실 한바탕 웃음바다 되었다
위험에 빠뜨리고
생명에 위협 느꼈다면
분명, 신고해야 마땅한 일이겠지
아무튼 신고 정신 대박이라며
일등 국민에게 박수 보내는데

계룡산 정기 받기 위해 수련차 왔었나
하필 가장 추웠던 밤
졸지에 수배자 신세 되다니
뱀 목에 방울을 달아놨어야 하나

그나저나
밤새 얼어 죽지는 않았는지

# 어쩌라고요 · 2

평화롭다 못해 지루했던
주말 당직 오후 근무 시간
전화벨 울린다

앳된 여학생 목소리
고양이 눈에 눈곱이 끼고
어디 아픈 것 같아요

어쩌라고요
여긴 시청이라고요

신이시여
당신께서는 우리에게 고양이 눈곱 떼어줄
의무까지 주시었습니까

미안해요
오랜 침묵이 흘렀다

그냥 기다리는 수밖에

# 어쩌라고요 · 3

개미도 뒤꿈치 들고 오가는
도서관 열람실

단골손님 예약한 자리
지나던 매 한 마리 떡하니 앉아 시침 뗀 모양이다

- 여기, 제 자리인데요
- 먼저 앉으면 그만이지, 그래서?

실랑이로 들썩이는 열람실
눈살 찌푸린 욕설에 책도 그만 귀 닫는다
중재되었지만 끝내 퇴장
이왕이면

- 죄송하지만 여기, 예약된 자리인데요

시스템 몰랐다던 매의 부리
헛헛한 웃음으로 미안함 대신했을까?

## 시계추도 가끔은 멈추고 싶다


우아하게 스테이크 썰지는 못했지만
철밥통 덕에 따스운 밥
삼십 년 넘게 먹고 살았으면 감사한 거지

그래도 밥버러지 소리 듣지 않으려
해토解土에 봄의 축대 무너지지 않을까
폭우에 여름 하수구 숨 헐떡이지 않을까
황금 들판에 가을 태풍 지나가지 않을까
동지섣달 수도계량기 속 터지지 않을까

사시사철
어디 마음 편히 지낸 날 있을까

청춘 바친 자리
볼품 없어진 흔적들이 붉은 울음 토하는 저녁
이제는 그만 수명 다한 건전지처럼
조용히 물러나고 싶은데
불볕더위 쌀통에서
의기양양 걸어 나오는 쌀벌레가 한마디 하네
견뎌내라고

〉
사무실에 들어서자
오늘도 어김없이 아홉 시 오 분 전

# 귀로

낙엽 쌓인 산길
멍석 위 벼 이삭 헤집듯 걸었습니다
바스락 소리 크게 듣고 싶어
취한 듯 갈지자 그렸습니다
문득, 제 살점 떨어져 나간
나무들의 통곡 소리 들려왔습니다
아가야, 더 멀리 더 깊은 골짜기로 날아가렴
그러고 보니 발밑 비명 듣지 못한 채
나뒹구는 아기단풍 밟고 있었습니다
다녀오겠다던 시월의 낙엽들이
심폐소생술에도 싸늘한 별이 되었습니다
내 삶의 무게가
누군가에겐 버거웠을 거란 생각에도
멍하니 사과 한마디 건네지 못했습니다
무심한 아침햇살은 서럽도록 눈부시고
산까마귀만 구슬피 울고 갑니다
되돌아갈 수 없는 길 만든
우리 모두의 잘못이라고

# 은과 도의 차이

- 밥은 잘 먹어 잉?

십여 년 전 함께 일하던 팀장이 꽂았던 비수
지금도 생생해

이 한 문장으로 조사의 중요성 끝장 판
일타강사 되었다
하필, 왜 은이었으며
잉?은 또 무슨 의미였냐고
제대로 할 줄 아는 게 하나 없는데
밥만 잘 먹는다는 강조란 말인가
이왕이면 밥도 잘 먹어~ 했으면
녹슨 무쇠솥 반질반질하게 닦고 또 닦으며
충직한 부하 되었을 것을
팀원에게 말해야지

- 밥도 잘 먹어~

# 물총 조개

묵비권 행사 중이다

뜨거운 맛 보고도
신음조차 입 밖으로 내지 않는다

억지로 벌리려는 자들 향해
물총 한번 제대로 쏘지 못하고
문 굳게 걸어 잠그고는
아예 눈도 감아버린다

우직하다 할까
미련하다 할까

붉게 상기된 바다
냄비 안에서 가슴 졸이고 있다

# 도서 대출

제목만으로는 알지 못하지
네모 안에 숨겨져 있는 바다의 깊이를

바코드에 내력 숨기고 요염하게 앉아
존재가치 알아줄,
은혜받을 자 기다린 지 오래

금방 다림질한 듯 빳빳한 깃 세우고
콧대 높게 팔짱 끼고 있자니
관절이 슬슬 굳기 시작해
세상의 관심 없이는 누구라도 관 속의 존재지

아직 손때 하나 묻지 않은 내 몸매 근사하지 않나?
몇 장만이라도 넘겨봐
목에 걸친 스카프만이라도 살짝 내려보면
당신 지켜줄 호위병 깨알같이 줄 서 있지

그런데 말이야
진정, 근사한 게 뭔지 알아?
섬에도 도서관이 있다는 거야

## 공공하수처리장 맨홀 앞에서

장마가 지속되던 날
한계점 넘어선 처절한 너의 몸짓에
영혼 없는 세상 사람들
콸콸 솟구친다 말들 많았지

목까지 차올랐던 가슴속 응어리
꾹꾹 참다 토해내니
영혼 없는 의사의 한마디
역류성 식도염입니다

특종 잡은 기자처럼 신이 나
목소리 높이는 매정한 속세에
너와 나 마주 보며
울컥 목이 메었지

세상 등진 산속 작은 암자
수양하는 노스님 아니어도 나만은 안다
백팔번뇌 고통의 산물이었음을
열 달 꽉 채운 해산의 고통이었음을

# 명예퇴직

모두 가고 싶어 하는
잘 나간다는 부서 지나 구르고 굴러
여기 하수종말처리장까지 왔다네
바람 빠진 공
더 이상 굴러가지 못하고 털썩 주저앉았다네
내게도 빵빵하던 시절 있었던가
어언 삼십여 년, 바람 빠질 때도 되었지
이제는 먼 미래 빌려 와
중도하차, 어디에 짐 풀어놓을지
들썩이는 바람이
힘 빠진 중년 재단하고 있다네

## 재고再考


팔아먹은 지 이미 오래라서
영혼은 그저 사치일 뿐

파란색 물감 주면 파랑으로
빨간색 물감 주면 빨강으로
열심히 세상 덧칠하면 그뿐

붓 가는 대로라는 말은
그림의 떡
그저 시키면 시키는 대로
입은 무겁게, 행동은 민첩하게
우직한 소가 되어
갈지자 그리라면 그리하면 되는 거지

그래도 어쩌다
별이 빛나는 밤하늘 쳐다보노라면
고흐의 고뇌 느껴질 때 있지

영혼 팔아먹었다는 말
누구든 거짓말이지

**해설**

# 울컥의 시, 위무의 시, 치유의 시

| 해설 |

# 울컥의 시, 위무의 시, 치유의 시
― 시집 『시계추도 가끔은 멈추고 싶다』의 시 세계

박주용 시인

1.

5년 전 봄이었다. 커트 머리와 가느다란 눈매의 봄은 자신을 계룡시청 공공시설사업소 도서관팀장이라고 소개했다. 검은 재킷에 붉은 스커트를 입고 있었으나 내내 꽃샘추위였다.

분위기가 으스스하여 군산 태생인 전 시인과 함께 국물이 따끈한 인근의 한 식당으로 향했다. 생태탕을 먹으며 생태시 얘기를 하였다. 분위기에 여유가 돌자 봄은 이런저런 이야기를 꺼냈다. 청양 정산이 고향인 봄은 문화예술에는 관심도, 조예도 깊지 않은데 본의 아니게 도서관으로 발령을 받았다는 말을 했다.

이후의 만남에서도 봄은 지금까지 살아온 내력을 조신하게 들려주었다.

 충남 청양의 산골 마을인 정산면 백곡리는 볕이 참 희고 좋았다. 계봉사 근처인 고향은 백제 부흥 운동과 임진왜란 당시 의병 활동은 물론 3·1 정산 만세운동 등을 주도한 충절의 중심지였다. 독립운동가의 후손임을 자랑스럽게 여긴 부친은 사람이 꼿꼿하였다. 마을 이장을 하고 싶었으나 학교 문턱에도 가보지 않았다고 입후보조차 제한되었다. 배움에 한이 맺혔다. 상심은 이것으로 끝난 게 아니었다. 빚보증을 잘못 서 텃논 몇 마지기가 남의 손에 넘어갔다.
 집안의 기둥인 큰오빠는 서울에서 학교에 다녔으나 둘째, 셋째 오빠는 기운 가세로 언감생심 대학 진학은 꿈도 꾸지 못하였다. 대신 국비로 운영되는 해군사관학교에 지원하게 되었다. 아버지는 막내딸인 봄도 배워야 한다며 교육의 도시 공주로 유학을 보냈다. 봄의 여고 시절은 3년 내내 문간방의 문풍지였다. 봄은 집안 형편상 대학 진학은 포기하고 여군이 되고자 하였으나 한집안에 군인이 둘이면 되었다는 오빠들의 만류로 접을 수밖에 없었다. 의료보험 관련 학과에 진학하였으나 방향을 전환하여 지방행정직 시험을 쳤다. 1992년 1월 청양군청에서 공무원의 첫

발을 내딛게 되었고, 2006년 3월에 계룡시청으로 전입하여 올해로 공직 생활 33년이 되었다.

입에 물이 오를 대로 오른 봄은 단도직입으로 제안을 해왔다. 더존 세차장과 계룡문인협회 신 회장이 운영하는 커피숍에서 하는 시 창작 모임을 도서관으로 옮겨 시민들도 함께 참여하는 프로그램으로 운영해 보고 싶다는 것이었다. 전 시인도 함께 거들었다.

벌과 나비가 의기투합하자 꽃은 어쩔 수 없었다. 그리하여 매주 수요일 오후 6시 30분 시 창작 교실인 '우리 시작(詩作)해요'의 꽃봉오리에도 하늘이 열리게 되었다. 스무 명쯤 되었을 것이다. 대부분 시에 관심은 있으나 써 본 경험이 없는 분들이었다. 봄도 마찬가지였다. 그래도 시 창작 교실에 참여한 벌과 나비들은 신명이 났다. 덩달아 분위기도 화기애애했다.

언제나 그랬던 것처럼 도서관 팀장인 봄은 일을 찾아서 했다. 물관과 체관도 제 역할에 충실하게 수분과 양분을 퍼 날랐다. 도서관 살림살이도 점점 나아져 프로그램에도 살이 붙기 시작했다. 격려와 칭찬도 들려왔다. 그래, 시청 소속이니 시도 쓰고 시집도 내보자. 봄은 마음을 다잡기 시작했다.

하지만 그해 8월, 봄은 단 7개월 만에 도서관 팀장에서

상하수도사업소의 하수도 팀장으로 발령이 났다. 시에서는 맨홀 뚜껑을 닫아 줄 사람이 필요했던 것이다. 오수와 우수의 낡은 뚜껑이 문제였다. 닫아도 물은 계속 스며들었다. 숨이 턱턱 막혔다. 역류하는 오수와 함께 시어들이 울컥 쏟아져 나왔다. 등을 두드려주는 사람은 없었다. 혼자 견뎌야 했다. 역류성 식도염이라며 생뚱맞게 경찰서에서 몇 번을 불러 원인을 다그쳤으나 봄의 대답은 한결같았다. 어떻게 아셨는지 청양에서 칠갑산 이름표를 달고 청국장 사업을 하시는 노모께서 전화를 주셨다. 맹물이라도 남의 것을 삼킬 위인이 아녀, 내 딸은…. 한마디 말씀에 봄은 또 울컥, 시어를 쏟아냈다.

이후에도 자치행정과를 거쳐 다시 도서관으로, 또 1년 만에 문화체육관광실 문화예술팀장으로, 봄의 의지와는 상관없이 인사발령이 데려다 놓으면 그곳에서 묵묵히 엎드려 있을 수밖에 없었다. 2년 상간에 몇 번의 부서를 이동한 봄은 점점 시들해졌다. 가지치기를 너무 많이 당하여 오만 가지 생각이 들었으나 시라도 붙잡고 하소연해보고 싶었다.

시에게 손을 내밀자 시가 봄을 따듯이 잡아주었다. 손길에 이끌려 2023년 계간 시 전문지 『애지』로 등단하게 되었다. 시를 공부한 지 4년 만이었다. 현재는 시 전문 동호회인 '향적시'와 대전의 '애지문학회' 회원으로 활동하고 있다.

 오기인지는 모르겠으나 퇴임하기 전에 지금까지 토해낸 시를 모아 시집 한 권은 내야겠다고 마음먹었다. 그게 자신처럼 살아온 여리고 낮은 삶들에 조그만 위무와 치유가 될 수도 있겠다는 생각 때문이었다.


2.

 문학은 인간의 감정, 경험, 그리고 사회적 맥락을 탐구하는 예술 형태이며, 시는 그중에서도 응축된 감정을 전달하는 강력한 매체이다. 특히, 한 시인의 작품 세계는 독자에게 감동과 위로를 주며, 개인의 내면과 사회적 현실을 반영하는 창으로 작용한다.

 박용숙 시인의 시는 현대인의 삶과 감정을 깊이 있게 탐구하며, 다양한 주제와 스타일로 독자에게 깊은 울림을 준다. 박 시인이 살아온 내력에 견주어 시 60편을 읽으니 한 편 한 편이 심금을 울린다. 한 개인의 경험을 바탕으로 쓴 시지만 이 시대를 살아가는 민초들의 삶의 모습을 총체적으로 보여주고 있어 객관성을 담보하고 있다. 더욱이 우리 시단의 시적 근경인 난삽하고 편협한 가독성을 벗어난 시들이어서 어렵지 않게 읽힌다. 그렇다고 만만하게 볼 시가 아니다.

이 시들을 총체적으로 분석한 결과 울컥의 시, 위무의 시, 치유의 시로 구분하여 그 의미와 가치를 살펴보는 것도 좋으리라 생각하였다.

3-1.

시집에 나타난 '울컥의 시'들은 주로 개인의 감정적 고통이나 상실을 표현하며, 독자에게 강한 공감을 불러일으킨다. 이러한 시들은 현대 사회에서의 고독, 상실, 그리고 슬픔을 탐구한다. 롤랑 바르트(Roland Barthes)는 "텍스트는 독자의 경험에 따라 무한히 해석될 수 있다"고 말했다. 이 말은 '울컥의 시'들이 독자에게 감정적으로 깊은 여운을 남기는 이유를 설명한다.

눈물 한 바가지 엎었습니다

산산조각 난 마음
캄캄한 방 귀퉁이에서
아무리 꿰매려 해도 손끝만 찌를 뿐입니다
간밤 스산한 바람에 덩달아 덜컹거리던
얼굴 사라졌습니다
아무리 거울 들여다보아도 보이지 않습니다
베란다에서 시계추처럼 서성이던

까마귀 짓 분명했습니다
실오라기 등잔불이라도 켜 놨다면
눈물 바가지 집어 갔을까
분명, 씁쓸한 맛이었을 거야
구겨 신은 운동화 걸음 멈춘 자리
차마 이러지도 저러지도 못하는 난간에게
나비 다가와 입맞춤합니다
순간, 백열등처럼 희미하게 다가오는 친구 문자
내게 달음박질로 안깁니다
괜찮은 거지, 밥 한번 먹자

눈물 한 바가지 다시 엎었습니다
―「밥의 힘」 전문

 이 시는 슬픔을 겪고 있는 화자가 친구와의 문자 대화를 통해 위로받는 과정을 그리고 있다. '눈물 한 바가지 엎었습니다'라는 구절에서 슬픔의 깊이를 알 수 있다. 난간에서 극단적 선택을 생각하고 있는 화자에게 '괜찮은 거지, 밥 한번 먹자'라는 친구의 제안에 울컥한 마음을 감출 수 없었다는 상황 전개로 보아 한마디 말이 얼마나 위안을 줄 수 있는지를 보여주고 있다. 이러한 감정의 표현은 바르트의 관점에서 개인의 경험이 보편적인 감정으로 확장되는 과정을 보여준다. 더욱이 이 시에서 느껴지는 외로움은 현대인의 고립된 삶을 반영하고 있으며, '산산조각 난 마음'은 내면의 상처를 드러낸다.

  삶에서 하찮고 작다고 생각하는 것들이 얼마나 큰 의미를 지니는지를 일깨워 주는 시라고 할 수 있다.

  다음 시는 고래가 되고 싶다는 열망을 통해 현실의 제약과 그로 인해 느끼는 젊은 세대의 불안감을 표현하고 있다. 개인의 야망과 그에 대한 갈등에도 불구하고 객기를 부리는 장면에서 또 한 번 울컥하지 않을 수 없다.

  고래가 될 수 있을까?

  메타버스에는 널려있다지
  먹고 싶은 거, 입고 싶은 거
  오늘도 홈쇼핑 최저가 핸드폰 결제

  그래도, 태평양 가슴에 품으니
  이까짓 편의점 아르바이트 서너 개쯤이야
  하루 세끼 삼각김밥도 견딜 수 있어
  바다 한가운데 은빛으로 빛나는 내 모습
  날치 꽁치 앞에서도 주눅 들지 않아
  노는 물도 당연 다르지
  옥션의 경매 정보나 쿠팡의 쿠폰도 팡팡 쌓이고
  광고판도 뼈대 있는 내 이름 석 자로 빛나고 있지
  이제는 겪을 일 없는 풍파
  신의 가호란 말은 나를 위해 존재하는 것

- 이놈 똥 뺄 것도 없겠네

달랑 소주 한 병으로 나를 깨운 거야?
하루 벌어 하루 사는 저 아줌마는 모를 거야
내가 어떤 세상 꿈꾸는지
고래고래 소리 지르는 술고래 말고
푸른 물결 헤쳐나가는 대왕고래
가슴에 산다는 걸

정말, 고래가 될 수 있을까?
—「멸치, 고래를 꿈꾸다」전문

이 시는 개인의 꿈과 현실 간의 갈등을 통해 불투명한 미래를 살아가는 청소년의 정체성을 잘 드러내고 있다. 고래는 자유롭고 거대한 존재로, 화자는 멸치로서의 한계를 느끼며 고래가 되고자 하는 갈망을 드러낸다. 일상적 언어와 유머를 사용해 무거운 주제를 경쾌하게 풀어내고, 바다와 고래를 통해 꿈꾸는 삶의 상징성을 강조한다. 이 시는 이 시대를 살아가는 청년들의 모습을 잘 그려내고 있으며, 독자는 이 시를 통해 자신의 꿈과 현실을 되돌아보며, 각자의 삶에서 고래가 될 수 있을 것이라는 희망을 가져볼 수 있을 것이다.

다음 시 또한 순수한 사랑과 인간의 본성이 서로 연결되어 있음을 일깨우는 시로 감동과 공감을 제공한다.

누구도 가르쳐 준 적 없는 신들린 몸짓
뭍에 나가 살고 싶다던 바람은
파도 소리에 호오이 던져 버리고
해류 따라 떠밀려온 사내 닮은 스티로폼
둥글납작하게 깎고 다듬어
한 송이 꽃이 되었다
바농질로 이불 천 싸매느라
불턱의 모닥불 밤새 꺼질 줄 몰라도
물질은 더 깊이 더 길게
소라 멍게 전복 해삼 따면서도
사내의 자연산 감정 따고 싶었다
씨알 굵은 별똥별 가득 담긴 테왁에 몸 기대면
든든한 사랑꽃 하나 피어나는 것이어서
감귤보다 탐스러운 젖가슴
갈치보다 빛나는 몸뚱이
파도에 맡겨 춤도 추고 싶었다

제주 앞바다, 사내의 부표 사라지던 날
호오이 호오이, 꽃보다 처연하게
갈매기도 숨죽여 울었다

―「숨비 소리」 전문

 제주 바다를 배경으로 펼쳐지는 「숨비 소리」는 생생한 이미지와 감각적 언어를 사용하여 독자가 마치 그 현장에 있는 듯한 느낌을 준다. '해류 따라 떠밀려온 사내 닮은 스티로폼'은 뭍으로 가고 싶은 마음에 조금이나마 위안을 주는 객관적 상관물이며, 그곳에 투박한 꿈을 담아보겠다는 갈망을 표현한다. 시인은 제주라는 지역적 맥락을 통해 삶의 고독과 한스러움을 탐구하고 있다. '자연산 감정을 따고 싶었다'는 표현에서 독자는 인간의 내면을 되돌아보며, 존재의 의미와 사랑에 대한 깊은 성찰을 경험할 수 있을 것이다. 아울러 삶의 부표가 사라지던 날 꽃잎보다 처연하게 숨죽여 우는 화자를 떠올리고는 울컥한 마음이 들 것이다.

이빨 빠진 도장 한 번에
논배미는 영문도 모른 채 다른 주인 섬겼다

오라비 학자금 마련에
새벽 댓바람 고무신 종종걸음
대문 높은 집에 염치없는 손 내밀지 않았을 터
그 땅만 있었어도, 그 땅만 있었어도
귀 에는 바람 어머니 속 울어댔다

애써 외면했지만
아버지의 시선, 닷 마지기 논에 머물고
경칩 무렵 잠에서 깬 눈치 없는 개구리
아버지 속 시끄럽게 긁어댔다

읍내 농협에서 날아온 빚보증 독촉장에

아버지와 대작하던 고추장 바른 멸치가
더 붉게 울상짓던 날

- 사람이 먼저지 그까짓 땅이 대수냐

아버지 가슴도, 비워진 술잔도
지난해 가뭄처럼 쩍쩍 갈라진 논바닥 되어 갔다
타는 듯한 아버지의 발자국도
한낮의 장대비 틈타
슬그머니 자취 감추어 버렸다

―「아버지의 신념」 전문

  위의 시는 농촌 사회의 현실과 개인의 신념을 깊이 있게 다루고 있다. '이빨 빠진 도장'은 몸이 부서지도록 살아 온 아버지의 삶의 내력이 담겨 있는 객관적 상관물이다. 또한 '논배미는 영문도 모른 채 다른 주인 섬겼다'는 표현은 몰인정한 사회의 인심을 대변하고 있다. 하지만 '사람이 먼저지 그까짓 땅이 대수냐'라는 아버지의 자조 섞인 울분을 통해 독자는 어려움을 극복하고자 애를 쓰는 아버지의 모습을 느낄 수 있을 것이다.
  살펴본 바와 같이 박용숙 시인의 '울컥의 시'들은 치밀어 오르는 감정을 통해 인간 존재의 복잡성과 내면의 상처를 깊이 있게 탐구하고 있다. 상실과 고독의 감정이 눈물로 표현되며, 친구의 따뜻한 제안이 잠시나마 위로가 되는 순간을 경험하게 된다. 또한 메타버스 속 물질적 욕망과 진정한 자아를 찾고자 하는 갈망이 설의적인 표현으로 나타나기도 한다. 마음을 다잡고 발버둥치며 살고자 하나 삶의 부표가 사라져 꿈과 희망이 절망으로 전환되는 장면을 보며 울컥하지 않을 수 없을 것이다.

위에서 언급한 시 외에도 시인이 거주하고 있는 군사도시의 술 문화와 강강술래가 아닌 '걍걍술래'라고 권주가를 부르는 모습 속에서 삶의 애환을 읽어낸 「별동네 권주가」, 불청객의 방문을 통해 삶의 예기치 못한 상황과 미안하다는 미묘한 감정을 표현한 「무단 입주」, 등 굽은 어머니를 힘들게 한 마늘을 보며 핀잔을 주지만 가족의 힘이 되어준 존재이기에 따뜻한 시선을 잃지 않는 「마늘을 엮으며」, 세상에 대한 포용과 사랑을 그려낸 「단풍」 등의 작품 또한 시를 읽는 독자에게 울컥울컥 다가온다.

박 시인의 '울컥의 시'들은 모두 상처와 치유, 고독과 희망이 얽혀 있는 감정을 통해, 독자에게 깊은 공감을 불러일으키며 인간의 본질에 대한 성찰을 제공해준다.


## 3-2.

시집에 드러난 '위무의 시'들은 주로 타인과의 관계에서 느끼는 위로와 지지의 감정을 표현하고 있다. 이러한 시들은 사회적 문맥에서 인간관계의 중요성을 강조하며, 에드워드 사이드(Edward Said)의 '오리엔탈리즘' 이론에서처럼, 개인의 정체성이 사회적 관계와 깊이 연관되어 있음을 보여준다.

> 엘리베이터 가운데 둔
> 아파트 공동경비구역
>
> 남북의 문 열리고 예견치 않은
> 회담 성사될 때마다
> 열대야에도 찬바람 휑하다
> 애써 외면한 얼굴, 무표정한 근육
> 어색한 시선은 애꿎은 거울 겨냥한다
> 누가 이곳에
> 거울을 달아 놓을 생각했을까?
> 잠시 딴청 피우지만
> 매번 낯선 몇 년째 통성명 없는 앞집 여자의
> 장바구니와
> 피부와 옷차림새, 액세서리 슬쩍 훑어보며
> 유기농일까, 아닐까
> 순금일까, 아닐까
> 별별 생각 스친다
>
> 언제쯤 우리 무장 해제하고
> 봄꽃 따뜻이 피워낼 수 있을까?
>
> ―「공동경비구역」 전문

위 시는 현대 사회의 갈등과 소통 부재를 상징적으로 표현하고 있다. 시는 아파트라는 일상적인 공간을 공동경비구역이라고 설정하여 남북의 긴장 관계를 은유적으로 드러낸다. 엘리베이터라는 제한된 공간에서의 만남은 서로 간의 거리감과 무관심을 강조하며, 마주하는 사람들 사이의 미세한 긴장감과 소통의 결핍을 시각적으로 불러낸다.

특히 '거울'의 존재는 현대인에게 자아 성찰의 매개체로 제공되며 이는 시인에게도 예외는 아니다.

더욱이 현대 사회에서의 소외감과 거리감을 다루고 있는 이 시는 '애써 외면한 얼굴, 무표정한 근육'이라는 구절을 통해 현대 사회에서 사람들 사이의 무관심이 얼마나 팽배해 있는지 여실히 보여준다. 그러나 '언제쯤 우리 무장해제하고 봄꽃 따뜻이 피워낼 수 있을까?'라는 구절을 통해 화해의 가능성을 남겨두고 있다.

아울러 독자에게는 사회적 갈등과 개인의 내면적 고뇌를 공감하게 하며, 소통의 필요성을 일깨우는 효과를 준다. 시를 통해 독자들은 타인과의 관계, 그리고 자신을 돌아보는 기회를 얻게 된다.

결과적으로, 시는 개인과 사회의 복잡한 연결고리를 탐구하며, 독자에게 깊은 성찰과 감정을 불러일으킨다.

우아하게 스테이크 썰지는 못했지만

철밥통 덕에 따스운 밥
삼십 년 넘게 먹고 살았으면 감사한 거지

그래도 밥버러지 소리 듣지 않으려
해토解土에 봄의 축대 무너지지 않을까
폭우에 여름 하수구 숨 헐떡이지 않을까
황금 들판에 가을 태풍 지나가지 않을까
동지섣달 수도계량기 속 터지지 않을까

사시사철
어디 마음 편히 지낸 날 있을까

청춘 바친 자리
볼품 없어진 흔적들이 붉은 울음 토하는 저녁
이제는 그만 수명 다한 건전지처럼
조용히 물러나고 싶은데
불볕더위 쌀통에서
의기양양 걸어 나오는 쌀벌레가 한마디 하네
견뎌내라고

사무실에 들어서자
오늘도 어김없이 아홉 시 오 분 전
　　　　　　　ㅡ「시계추도 가끔은 멈추고 싶다」 전문

표제 시인 「시계추도 가끔은 멈추고 싶다」는 시간의 흐름과 삶의 무게를 깊이 있게 담아낸 작품이다. 시인은 30

년 넘게 공직 생활을 하며 겪은 고단한 일상과 그 속에서의 고뇌를 솔직하게 드러낸다. 특히 '밥버러지 소리 듣지 않으려'의 구절은 자신의 존재가치에 대한 고민을 나타내며, 사회에서의 역할과 개인의 정체성 간의 갈등을 암시한다.

시의 이미지들은 사계절의 변화를 통해 삶의 불안정성과 지속되는 고통을 표현한다. '이제는 그만 수명 다한 건전지처럼'이라는 표현을 통해 퇴임을 앞둔 시인의 심정을 상징적으로 전달하며, 독자에게는 뭉클한 감정을 불러일으킨다. 이러한 감정은 박 시인의 개인적 경험, 특히 잦은 부서 이동으로 겪은 마음고생과 그 속에서의 시적 지향이 결합되어 더욱 깊어진다. 시인이 표제 시로 선정한 이유를 알겠다.

결국, 이 시는 독자에게 삶의 무게를 함께 느끼게 하며, 고단한 현대인의 삶 속에서 위로와 공감을 이끌어낸다.

　입추 말복 지나
　집마다 고양이 눈 닮아가고 있다

　한때는 장단에 맞춰
　밤낮없이 좌우, 위아래로
　엉덩이 씰룩거리며 요염하게 춤도 추었다
　안방에 들어앉아 사랑 독차지하며

명성 굳건하게 지켜냈다

언제부턴가 조강지처 자리
신음조차 없는 밤 고양이 발바닥처럼
앙큼한 무풍년에게 내어주고
뒷방 전전긍긍하는 신세로 전락했지만
다시 찾아줄 날 기다리며
간간이 불어오는 대숲 바람 차곡차곡 모아 두었다

오랜 기다림에 심장 멎고 목뼈 주저앉은 나를
쓰다듬어 주지는 못할망정
그깟 노잣돈 몇천 원이 아까워
CCTV 깜빡 조는 분리수거장 뒤편에
슬그머니 내다 버렸다
달빛마저 애써 외면하는 밤이었다

―「고려장」 전문

 시 「고려장」은 현대 사회에서의 고립과 상실, 그리고 잃어버린 과거에 대한 그리움을 그리고 있다. 시는 고양이와 같은 비유를 통해 삶의 변화를 상징적으로 나타내며, 한때는 활기차고 사랑받던 선풍기가 이제는 에어컨에 밀려 무기력한 상황에 처해 있음을 서술한다. '고양이 눈'은 무관심과 고독을 암시하며, 과거의 화려함과 현재의 쓸쓸함을 대비시킨다. '신음조차 없는 밤', '불어오는 대숲 바람'을 통해 언젠가 다시 불러줄 것을 기대하며 희망의 끈을

놓지 않으려는 모습을 보며 비슷한 처지에 놓인 독자에게 깊은 공감을 불러일킨다. 더욱이 '분리수거장'이라는 현대판 고려장을 통해 비극성을 더욱 환기시키며 독자에게 성찰의 기회를 제공한다. 그러기에 이 시는 기억과 현재의 고통을 통해 인간 존재의 본질을 탐구하게 하고 감정적 울림과 깊은 사유를 남기기에 충분하다.

다음 시 또한 소외되는 팍팍한 삶 속에서도 꿋꿋하게 살고자 하는 의지가 느껴지는 시이다.

광개토대왕이 말 달리던 이전부터
동토는 본디 내 영토였다
수다쟁이 봄꽃 처녀의 살 뜨거운 콧소리
귀 후끈 달아오르게 할 때도
의기양양 칼바람으로 옷깃 세우던 나였다
조바심 난 벌과 나비들
잠자는 초경 깨워 붉은 입술 터트릴 때도
나의 건재함 추호도 의심하지 않았다
나이테 한 줄 더 그려주며
우주 섭리란 말로 그럴싸하게 포장하여
계절 뒤꼍으로 밀어내려 할 때나
대문 가로질러 써 붙인 입춘대길이란 글자에
점점 의식 희미해져 갈 때도
그저 잔기침만 콜록거렸다
세상의 바람난 꽃들이여!
하룻밤의 찬 인연일지라도 섭섭하다 생각지 마라

시샘이나 부리는 투정쟁이라 헐뜯지도 마라
그대 응원할 연합대군 동남풍으로 몰려온다 해도
비겁하게 꼬리 내릴 내가 아니다
세상 모두 내 편이 아니라 해도
아직은 알뿌리 튼실한 붉은 동장군이다

―「꽃샘추위」 전문

위 작품은 강인한 자연의 힘과 인간 존재의 의지를 상징적으로 표현하고 있다. 시는 '광개토대왕'의 역사적 이미지를 통해 인간의 뿌리와 영토에 대한 자부심을 드러내며, '봄꽃 처녀'와의 대비를 통해 생명 의식과 저항 의지를 보여준다.

'칼바람'과 '조바심 난 벌과 나비들'은 봄의 불안정함과 자연의 변화를 상징하며, 현대인들이 어려움 속에서도 자기 정체성을 찾고자 노력하는 모습을 반영한 것이라고 할 수 있다.

따라서 시「꽃샘추위」에서 '꽃샘추위'는 시인의 처지와 무관하지 않으며, 아무리 자신을 몰아내려 해도 이에 굴하지 않고 끝까지 투쟁하겠다는 의지가 서려 있다. 이와 같은 강한 의지와 생명력은 독자에게 깊은 공감을 이끌어 희망과 위무의 메시지를 전달한다.

껍질 까다가 속살 툭 떨어져 나갔다

손에 쥐기도 뜨거운 것을
소지 올리듯 요리조리 후후 불며 재촉하더니
참을성 없이 지내 온 내 삶처럼 부서져 내렸다
달빛 한 줌 넣어 다시 살살 발라보지만
손에서 떠났다면 이미 내 것은 아닌 것
뜯기고 깨져 울퉁불퉁해진 자태에
짜디짠 소금 세례
한때는 쓰리고 아픈 벌인 줄 알았는데
세상사, 너무 순탄해도 재미없는 것
오늘은 우묵한 곰보조차 환한 정월대보름
달무리 한 입 부럼처럼 베어 무니
아, 숨어 있는 황금 덩어리
아픔 뒤에 찾은 보석이다

―「달걀을 까다가」 전문

시「달걀을 까다가」는 삶의 상실과 회복을 상징적으로 표현한 작품이다. '껍질 까다가 속살 툭 떨어져 나갔다'는 구절로 시작하는 이 시는 인생의 불확실성과 상처를 드러내며 고통이 따르는 일상의 순간들을 시각적으로 잘 묘사하고 있다. '손에 쥐기도 뜨거운 것','달빛 한 줌'의 이미지는 삶의 고통과 그 속에서 느끼는 감정의 복잡함을 그려내고 있으며, 희망과 회복의 가능성을 암시한다. 이를 통해 고난 속에서도 새로운 의미를 찾아가려는 의지를 보여준다. 더욱이 고통스러운 경험을 비유하고 있는 '짜디짠 소금 세례'는 과거의 아픔이 현재의 자아를 형성하는 데 기여하고 있음을 시사하고 있다.

마지막 구절에서 '아픔 뒤에 찾은 보석'은 고난을 겪은 후 얻은 성숙한 자아와 희망의 상징으로, 독자에게 위로와 희망의 메시지를 전달한다.

결국, 이 시는 개인의 고난의 역사를 보편적인 경험으로 확장시켜, 독자들에게 공감과 위무를 안겨주는 작품이라고 할 수 있다.

위의 시 외에도 여고 시절 동창인 봉자까지 소환하며 시를 써 보려했던 창작의 고뇌가 잘 묻어 있는 「재난 문자」, 국민신문고에 신고된 내용을 보며 이런 일까지 공무원이 처리해야 하나 자괴감과 더불어 대상에 대해 따뜻한 시선을 보내고 있는 「어쩌라고요·1」, 숙직 중 고양이 눈에 눈곱이 끼어 눈곱을 떼어달라는 민원인을 오히려 배려하고 있는 「어쩌라고요·2」, 현대인의 가식적인 결혼생활을 비판적인 시각으로 바라본 「심폐소생술」, 세상에 대해 간절한 애정을 보내고 있는 「폭우 내리는 날」 등의 시편에서도 위무의 마음을 느낄 수 있다.

이상에서 살펴본 시들은 각기 다른 주제를 다루면서도, '위무'라는 공통된 정서를 담고 있다. 이러한 시들은 아픔을 겪는 이들에게 다가가 위로와 희망의 손길을 내미는 역할을 하며, 고난 속에서도 삶의 의미를 찾으려는 인간의 본성을 잔잔하게 어루만진다.

3-3.
시집에서 보이는 '치유의 시'들은 아픔과 상실을 겪은 후 다시 일어서는 과정을 그린다. 이러한 시들은 칼 융(Carl Jung)의 '집단 무의식' 개념과 관련이 있으며, 개인의 치유가 어떻게 공동체와 연결되는지를 잘 보여주고 있다.

그해는 바람이 바람을 불게 하였다

펜타곤 숭배하는 소도시, 그해 유월은 시절보다 이르게 찾아온 더위 탓인지 소문이 무성하게 자라났다 푸른 붓과 붉은 칼의 대결이 칼의 승리로 끝나자 신세대가 낳은 북두쟁이는 살생부를 소설처럼 읽어 내렸다 시민들은 4년 만에 흥행하는 이야기에 점점 귀가 자라났고, 음유시인들은 당나귀 귀라며 큰소리쳐 보지만 속내는 여름밤 뻐꾸기처럼 잠 못 들었다

전설 횡행하는 여우골, 그해 팔월은 일찍 찾아온 가을바람 탓인지 소문은 금세 풀이 죽었다 먹잇감 기대했던 까마귀는 허공만 배회했고, 실개천의 흰 두루미는 속 빈 우렁 바라보며 목 길게 빼었다 처음부터 사람들은 이마의 땀 식혀줄 선풍기는 바라지도 않았다 언감생심, 부채 하나씩은 어찌어찌 탕감해주지 않을까 하는 막연한 기대감에 잠자리 뒤척였다

사람이 사람을 간택하던 그해는 가슴에 구멍 숭숭 난 불면증

환자만 양산했다
— 「풍문·2」 전문

  시 「풍문·2」는 현대 사회의 불안과 갈등 및 욕구를 상징적으로 표현하고 있다. 시는 '바람이 바람을 불게 하였다'는 행으로 시작하여, 사회적 혼란과 시기적 이슈가 서로 얽히며 생겨나는 소문을 묘사한다. '펜타곤 숭배하는 소도시'는 시인이 거주하고 있는 지역적 특성을 반영한 공간이기도 하지만 정치적, 사회적 배경과도 무관하지 않다. 시인은 '신세대'와 '음유시인'의 대립을 통해 세대 간의 갈등과 가치관의 차이를 드러내고 있다. 특히 '사람이 사람을 간택하던' 구절을 통해 선거라는 사건을 떠올리게 하며 '푸른 붓과 붉은 칼의 대결'이라는 상징적 이미지를 통해 인간사의 비극성을 강조하고 있다. 더욱이 '가슴에 구멍 숭숭 난 불면증 환자'는 현대인의 우울과 불안감을 상징적으로 보여준다.

  결국 이 시는 시민들의 바람과는 다르게 흘러가는 세상 판세에 대해 은근히 비판하는 시이며, 그로 인해 점점 불면증 환자만 양산되고 있는 현실을 잘 반영하고 있는 시라고 할 수 있다.

  못 보던 딸의 핸드백에 관해 묻자
  돌아온 대답

이래 봬도 환경친화적 소재라며
열심히 산 자기에게 주는 선물이란다
인터넷에서 싸구려 하나 장만하고
마치 지구를 살린 것처럼 의기양양하는 모습에
서른이 다 되도록 쓸만한 핸드백 하나
못 사준 게 미안해 슬그머니 자리 피하다
눈에 들어온 낡은 핸드백
십여 년 전 승진기념 어머니의 선물이었다
가벼운 머리 대신해 줄 요량으로
꾸역꾸역 내 젊은 날 호기들 가득 채웠었는데
이제는 종합병원 앞자리 잡은 약국처럼
온갖 약들이 지배하고 세월만 탓하고 있다

그녀의 핸드백에는
문자 빼곡한 지원신청서 대신
싱그러운 청춘에 어울리는
사랑하는 이의 이름 석 자만 담기를
— 「청춘이여 연애하라」 전문

 위의 시는 젊음의 아름다움과 사랑의 중요성을 강조한 작품이다. 딸의 핸드백을 통해 세대 간의 간극間隙과 젊은 이들이 자신의 삶을 어떻게 살아가고 있는지를 조명한 작품이라고 할 수 있다.
 '이래 봬도 환경친화적 소재'라는 딸의 말에서 자신을 합리화하고 있다는 것을 눈치챈 화자는 승진기념으로 받은 어머니의 선물을 소환하며 '서른이 다 되도록 쓸만한 핸드백 하나 못 사준 게 미안해'라는 구절로 소회를 드러내고 있다.

특히, '온갖 약들이 지배하고 세월만 탓하고 있다'는 표현을 통해 노화와 건강 문제를 걱정하고 있는 자신의 모습을 자각하면서 딸 만큼은 먹고 사는 문제에 연연하지 않고 청춘에 어울리게 싱그러운 삶을 살아가기를 바라고 있다.

이 시는 사랑과 젊음의 소중함을 일깨우고 있으며, 삶의 의미와 그 속에서의 관계의 중요성을 상기시킨다. '사랑하는 이의 이름 석 자'를 간직하기를 바라는 메시지에는 치유와 위로의 요소를 간직하고 있으며, 결국 젊은이들이 사랑을 통해 삶의 의미를 찾고, 그 속에서 진정한 행복을 느끼기를 바라는 소망이 담겨 있다. 이 시는 세대 간의 소통과 이해를 촉진하는 동시에, 독자에게 긍정적인 희망을 전달하는 역할을 한다.

> 물 주며 거름 주며 온갖 정성 들이더니
> 밑동 싹둑 잘라 덜덜거리는 트럭에 던져졌다
> 속 실하게 찼다며 칭찬할 때는 언제고
> 너무 꽉 차도 맛없다며 네 조각 칼질
> 노란 심장과 새파란 육체 생이별이었다
> 머리에 키도 쓰지 않았는데 이번에는 소금 세례

눈 따가운 밤 지새우며 날 밝길 기다렸다
팔자에 순응한 친구들은 제대로 절여져
꽃단장으로 변신, 도회지로 화려하게 진출했건만
자존심 끝까지 세우며 버티었던 나는
인생 줄기 뻣뻣하여 세상 순탄치 않았다

손맛 없다는 한마디 핀잔에 줄행랑 놓아
곁 떠나온 지도 어언 삼십 년
양념보다 시뻘건 립스틱 바른 막내딸
언제나 와서 손 한번 잡고 쓱쓱 문질러주려나
학수고대하고 계실 어머니
연말연시 동무 더불어 따순 밥 한 끼 나누고
저세상 갔으면 하시는 노인 보면
딸내미 집에 한 사나흘만 머물며
손주와 둥글게 정담 나눠보고 싶다던
엄니 생각나는 것인데
허리 반 접힌 팔순 넘긴 노인네가
올겨울에도 홀로 독 지키고 계시겠다
―「배추와 독거노인」 전문

시「배추와 독거노인」은 현대 사회의 고독과 소외를 깊이 있게 다룬 작품이다. 시는 배추가 잘려 나가는 비유를 통해 삶의 무게와 고통을 표현한다. '물 주며 거름 주며 온갖 정성'을 쏟은 결과가 결국 '덜덜거리는 트럭에 던져졌다'는 것이다. 이는 개인의 노력이 외면받고, 소외되는 현실을 상징적으로 드러낸다.

'노란 심장과 새파란 육체 생이별'이라는 말에는 존재의 상실감을 함축하고 있다. 더욱이 '자존심 끝까지 세우며 버티었던 나는'을 통해 시인의 삶의 여정이 어떠했는지를 상상할 수 있다.

특히 '학수고대하고 계실 어머니'의 존재는 가족과의 관계, 그리고 세대 간 소통의 중요성을 강조한다. 홀로 독 지키고 계시는 노모의 모습을 통해 현대 사회의 노인 문제를 환기시키며, 독자에게 정서적인 위로와 치유의 메시지를 전달한다.

이 시는 삶의 아픔 속에서도 인간관계의 소중함을 되새기고, 고독한 존재에게 따뜻한 연대감을 제안하는 작품이라고 할 수 있다.

    영화 신과 함께에서 지옥을,
    마이산에서 극락을 본다

    분명, 이승과 저승 중간쯤 있을 법한
    청실배나무에 둥지 틀었던 까치
    소유의 부질없음 깨닫고
    중생으로 환생했는지 보이지 않는다
    처사의 돌탑 맴도는
    바래고 찢겨 생채기 난 하루
    소탈한 공양 위한 시래기

풍화혈로 중이염 앓고 있는
마이산에 엮어 달으니
겨울 햇살 한 줌 다가와 보듬는다

이승 욕심 매한가지
나도 저들과 함께 엮어 걸어놓으면
실하게 말려지려나

—「마이산 시래기」 전문

위의 시는 삶과 죽음, 욕망과 치유의 경계를 탐색하는 작품이다. '마이산에서 극락을 본다'라는 대립적인 이미지를 통해, 고난과 희망이 공존하는 공간을 조명한다. '청실배나무에 둥지 틀었던 까치'는 소유의 부질없음을 깨달은 존재로, 인간의 욕망이 결국 허무함으로 이어짐을 상징적으로 보여준다. '처사의 돌탑'과 '소탈한 공양 위한 시래기'에는 일상에서의 소박함과 삶의 애환을 담고 있다. 특히 '풍화혈로 중이염 앓고 있는 마이산'은 고통과 치유의 과정을 보여주며, 독자에게 삶의 고난 속에서도 희망을 찾으려는 의지를 불러일으킨다.

이 시는 인간의 욕망을 돌아보게 하며, '이승 욕심 매한가지'라는 구절을 통해 삶에서 욕심을 내려놓고 소박한 것들에 감사할 것을 제안한다. '겨울 햇살 한 줌 다가와 보듬는다'를 통해 치유와 위로의 메시지를 전달하며, 독자들에게 아픔 속에서도 따뜻한 순간을 발견할 수 있는 희망을 안겨준다.

이 시는 삶의 복잡함을 인정하면서도 그 속에서 소중한 가치를 찾아가는 과정을 잘 그려내고 있다.

> 팔아먹은 지 이미 오래라서
> 영혼은 그저 사치일 뿐
>
> 파란색 물감 주면 파랑으로
> 빨간색 물감 주면 빨강으로
> 열심히 세상 덧칠하면 그뿐
>
> 붓 가는 대로라는 말은
> 그림의 떡
> 그저 시키면 시키는 대로
> 입은 무겁게, 행동은 민첩하게
> 우직한 소가 되어
> 갈지자 그리라면 그리하면 되는 거지
>
> 그래도 어쩌다
> 별이 빛나는 밤하늘 쳐다보노라면
> 고흐의 고뇌 느껴질 때 있지
>
> 영혼 팔아먹었다는 말
> 누구든 거짓말이지
>
> ―「재고(再考)」 전문

시「재고再考」는 현대 사회에서 개인이 겪는 정체성과 소외를 탐구하는 작품이다. 시인은 사회의 요구에 따라 자신을 채색하듯 살아가는 모습을 묘사하며, 이를 통해 현대인의 삶이 얼마나 소극적이고 수동적으로 살아갈 수밖에 없는 환경인지를 고발한다.

'팔아먹은 지 이미 오래라서', '영혼은 그저 사치일 뿐'이라는 구절은 스스로의 정체성을 잃고, 사회적 역할에 갇혀버린 현대인의 고뇌를 은유적으로 표현하고 있다. 하지만 마지막 구절로 보아 그 말은 거짓일 수밖에 없으며, 그런 반의적인 행동을 할 수밖에 없는 현실에 문제가 있음을 돌려 말하고 있다.

시인은 공직에 종사하는 사람으로서 자신이 겪는 고난과 아픔은 개인적인 것이 아니라 보편적이라는 사실을 확인시켜주며, 고흐의 고뇌를 이해하고 느끼는 순간을 통해 우리 모두가 겪는 존재의 고뇌를 되새기게 한다.

결국, 이 시는 개인의 상처를 치유하고, 공감과 이해를 통해 소통하는 매개체로 기능한다.

위에서 언급한 시 외에도 이쑤시개와 돈키호테를 병치하여 사회의 정의를 위해 불의에 맞서겠다는 의지를 표현한「이쑤시개」, 돈줄 따라 쿵쿵거리며 살아가는 소시민의 삶의 애환을 그린「개미투자자」, 부조리한 현실 속에서도 스스로 깨끗한 삶을 살고자 고군분투하는 현대인의 자화

상을 그리고 있는 「단상斷想」, 인사철을 맞아 인물들의 심사를 허심탄회하게 그려놓은 「동지 무렵」, 국가의 시스템 부족으로 생을 달리할 수밖에 없는 이름 앞에서 우리 모두의 반성과 성찰을 촉구하는 「귀로」 등을 비롯한 여타의 시에도 다양한 정서와 주제가 담겨 있으며, 시인의 개인적 경험과 감정이 녹아들어 있다.

박용숙 시인의 '치유의 시'는 독자에게 아픔 속에서도 희망과 치유를 찾는 방법을 제시하며, 삶의 고난을 마주하는 데 있어 서로의 존재가 얼마나 중요한지를 일깨운다. 각 시는 고난과 치유의 과정을 통해 삶의 의미를 재조명하게 하며, 독자들에게 깊은 감동과 위로를 전달한다.


### 4.

박용숙 시인의 주옥같은 시편을 읽으며 시인이 얼마나 여리고 따뜻한지 새삼 느꼈다. 해설자가 임의의 분류에 따라 울컥의 시, 위무의 시, 치유의 시로 구분하여 살펴보았으나 시편 하나하나에 깃들어 있는 깊은 뜻은 시인이 생각하는 것만큼 잘 우려내지 못하였다는 생각이 든다. 시는 관점에 따라 다르게 읽힐 수 있기에 더 깊은 사색과 감상은 독자의 몫으로 남겨둔다.

시집 『시계추도 가끔은 멈추고 싶다』의 시편들은 단순

한 개인적 고백을 넘어서, 인간 존재와 사회의 복잡성을 탐구하는 의미 있는 작품들이다. 이는 독자에게 단순한 감정의 전달을 넘어, 삶의 의미와 관계의 소중함을 다시금 생각하게 하는 기회를 제공한다. 이러한 점에서, 박용숙 시인의 시는 독자에게 깊은 사유의 기회를 제공하는 중요한 문학적 자산이라 할 수 있다

박 시인의 시를 읽으며 문학의 힘을 다시금 느낀다. 감정의 복잡성과 인간 존재의 의미를 탐구하는 시의 광장에 독자 여러분을 초대한다. 특히 평생을 낮은 이름으로 살아온 이 땅의 민초들과 온몸을 바쳐 울컥하게 살아온 공직자분께 박 시인의 시가 위무와 치유의 불쏘시개가 되었으면 좋겠다.

앞으로 박 시인이 감정의 깊이를 유지하면서도 주제의 다양성을 확장하고, 형식적 실험을 통해 작품의 범위를 넓혀 나간다면 더욱 풍부하고 다채로운 작품을 창작할 수 있을 것이다.

시는 결국 인간의 감정을 이해하고, 서로를 연결하는 중요한 매체이다. 해가 지기 직전에 밝아지는 하늘처럼, 가을 앞에서 바짝 뜨거워지는 시간처럼, 깨진 틈으로 들어오는 한 줄기 빛처럼, 울컥한 순간 보듬어 주는 따뜻한 손길처럼 박 시인의 시의 여정에 새뜻함이 피어나길 기원한다.

**이든기획詩選** 019

## 시계추도 가끔은 멈추고 싶다

ⓒ 박용숙, 2024

| | |
|---|---|
| **발행일** | 2024년 11월 25일 |
| **지은이** | 박용숙 |
| **발행인** | 이영옥 |
| **펴 낸 곳** | 도서출판 이든북 |
| **출판등록** | 제2001-000003호 |
| **주 소** | 대전광역시 동구 중앙로 193번길 73 |
| **전화번호** | (042)222-2536 ｜ 팩스(042)222-2530 |
| **전자우편** | eden-book@daum.net |
| **카 페** | https://cafe.daum.net/eden-book |
| **공 급 처** | 한국출판협동조합 |
| | 전화 (02)716-5616  (031)944-8234~6 |

ISBN 979-11-6701-315-6 (03810)
값 13,000원

* 이 책의 판권은 지은이와 이든북에 있습니다.
* 이 책 내용의 전부 또는 일부를 재사용하려면 반드시 양측에 서면 동의를 받아야 합니다.